ZEBRA 2

Arbeitsheft Lesen/Schreiben

Erarbeitet von
Stephanie Brettschneider
Silke Clasing
Maria Feiten
Dorothea Ferrari
Andreas Körnich
Claudia Regul-Schäfer
Gerlind Schwanitz
Gabi Zimmermann

Wissenschaftliche Beratung von
Prof. Dr. Cordula Löffler

Ernst Klett Verlag
Stuttgart • Leipzig

Inhalt

schreiben | lesen | verbinden

kontrollieren | markieren | ankreuzen

ins Heft schreiben | ins Lerntagebuch schreiben

Die Aufgaben sind mir leicht / mittel / schwer gefallen.

→ W S. 1 Im gelben Rand steht, wo du nachschlagen kannst.

Name: ______________________ Datum: ____________

Abc der Namen

Der Schulbus holt die Kinder ab. Er bringt sie zur Schule.

1. Verbinde alle Namen nach dem Abc!

Greta

Hanna

Memet

Finn

Nina **O**le **I**nga

Yannik **X**enia

Zeinab

Anna **P**aul

Emil **B**en **L**inus

Quentin

Willi

Ronja **S**elim **J**ule

Daria **C**elina **K**ati

Vera **U**li **T**im

2. Schreibe die Namen deiner Freunde und Freundinnen auf!

3. Ordne die Namen nach dem Abc!

Name: ______________________ Datum: ____________

Schul-Abc

Was gibt es in der Schule?

1. Zu manchen Buchstaben des Abc fehlen noch Wörter. Ergänze!

1. Alphabet ____________
2. ____________
3. Computer ____________
4. Drucker ____________
5. England ____________
6. ____________
7. Globus ____________
8. ____________
9. Instrumente ____________
10. Jaguar ____________
11. Kalender ____________
12. ____________
13. Musik ____________
14. ____________
15. ____________
16. Pause ____________
17. Quiz ____________
18. ____________
19. ____________
20. Tafel ____________
21. Unterricht ____________
22. Verben ____________
23. ____________
24. ____________
25. Yoga ____________
26. Zeugnis ____________

2. Welche der 26 Wörter passen nicht zur Schule?

____

3. Findest du noch andere Dinge in der Schule?
Schreibe sie an die richtige Stelle im Abc!

Name: ______________________ Datum: ______________

Verschiedene Schulwege

1. Was passt zusammen? Verbinde die Satzteile!

Die Lehrerin fährt mit dem	hilft ihm über die Straße.
Klara wartet an der Kreuzung	mit dem Bus zur Schule.
Opa begleitet Jonas und	Fahrrad zur Schule.
Viele Kinder fahren jeden Tag	bis die Ampel grün zeigt.
Larissa und Jule gehen	des Bäckers vorbei.
Das Kind vom Hausmeister	läuft nur über den Schulhof.
Timo geht an dem Laden	zusammen durch den Park.

2. Schreibe auf, wie du zur Schule kommst!
Was siehst du auf deinem Schulweg?

- Schreibe oder male in dein Lerntagebuch!

Name: ______________________________ Datum: ______________

Auf dem Schulhof

Was ist auf dem Schulhof los?

1. Lies genau und male, was noch fehlt!

Die Sonne scheint.
Ole schießt den roten Ball. Verena steht im Fußballtor.
Zwei Mädchen erzählen sich auf einer Bank Geheimnisse.
Die Lehrerin unterhält sich mit drei Kindern.
Sie hat eine grüne Jacke an.
Der Hausmeister fegt den Hof.
Er trägt eine gelbe Pudelmütze.
Das Schulhaus hat drei Fenster.
Max schaut aus einem Fenster heraus.

Name: ______________________ Datum: __________

Menschen in der Schule

Der Computer hat alle Lücken zwischen den Wörtern gelöscht.

1. Trenne die Wörter mit einem roten Strich!

LEHRERIN|HAUSMEISTERSCHÜLER

SEKRETÄRINREKTORINPUTZFRAU

LEHRERSCHÜLERINELTERNKINDER

2. Setze die Satzzeichen!

Der Hausmeister schließt morgens die Schule auf. Alle Schülerinnen und Schüler lernen schreiben und rechnen Den Unterricht bereitet die Lehrerin vor Sie hilft den Kindern auch beim Lernen
Die Putzfrauen putzen jeden Tag die Schule Die Sekretärin schreibt viele Briefe und telefoniert oft Leitet deine Schule eine Rektorin oder ein Rektor

- Schreibe oder male in dein Lerntagebuch!

3. Kannst du diese Sätze lesen? Schreibe sie richtig auf!

Stefan sMam akomm tjede nMonta gi ndi eSchul e.
Si ehilf tandere nKinder nbei mLese n.

Mache beim Lesen nach jedem Punkt eine kurze Pause!
Dann verstehst du den Inhalt des Textes besser.

Name: ______________________ Datum: __________

Unsere Klassenregeln

→ W S. 27

1. ✎ Schreibe Regeln für deine Klasse auf!
Bespreche mit anderen Kindern, was euch wichtig ist!

Regeln beschreiben, wie wir uns richtig verhalten.

Name: ______________________ Datum: ____________

Lesen mit dem Lesepfeil

1. Finde heraus, wo der Lesepfeil angelegt wird!

Tina ist aufgeregt. Heute geht sie das erste Mal
in die neue Schule.
Sie wartet mit ihrer Mutter vor der Klassentür.
Da kommt Frau Kaiser und nimmt Tina mit.

Tina ist aufgeregt. Heute geht sie das erste Mal
in die neue Schule.
Sie wartet mit ihrer Mutter vor der Klassentür.
Da kommt Frau Kaiser und nimmt Tina mit.

2. Schneide dir aus Karton einen eigenen Lesepfeil zu!

3. Lies mit deinem eigenen Lesepfeil!
Die roten Striche helfen dir dabei.

Tina ist aufgeregt. | Heute geht sie | das erste Mal | in die neue Schule.
Sie wartet | mit ihrer Mutter | vor der Klassentür.
Da kommt Frau Kaiser | und nimmt Tina mit.
„Das ist Tina. | Wo kann Tina sitzen?“, | fragt sie.
Viele Kinder melden sich. | Neben Jakob | ist ein Platz frei.
Jakob freut sich | und zeigt Tina alles.
Auf dem Pausenhof | wollen auch | die anderen Kinder | mit Tina spielen.

- Schreibe oder male in dein Lerntagebuch!

Name: ______________________ Datum: ____________

Andis Hausaufgaben

1. Lies die Geschichte genau!

Wie viel ist 76 – 22?
Ganz schön schwer, denkt Andi.
Er lutscht einen Kirschkern,
bis er sich ganz sauber anfühlt.
76 – 22 ist irgendetwas, denkt Andi.
Er hat keine Lust Rechenaufgaben zu machen.
Er spuckt den Kern gegen die Zimmertür.
Da passiert etwas ganz Unglaubliches!

Erhard Dietl

2. Wie geht bei dir die Geschichte weiter? Schreibe es auf!

Name: ______________________ Datum: ____________

Wichtige Begriffe für Textforscher

Diese Wörter können dir helfen, Texte besser zu gliedern.

Zeile	Autor/Autorin	Überschrift	Abschnitt

→ W S. 36

1. Weißt du, was diese Begriffe bedeuten? Wenn nicht, dann frage einen Partner oder schlage nach!

2. Schreibe die Begriffe an die richtige Stelle!

Pippi in der Schule ← ______________________

In Argentinien ist es streng verboten, Schularbeiten zu machen. Manchmal kommt es vor, dass sich ein argentinisches Kind in einen Schrank schleicht und Schularbeiten macht. Aber wehe, wenn seine Mama das sieht.

Rechnen haben sie dort überhaupt nicht in den Schulen, und wenn es ein Kind gibt, das weiß, wie viel 7 und 5 ist, muss es den ganzen Tag in der Ecke stehen, ← ______________ falls es so dumm ist, das der Lehrerin zu erzählen.

Lesen haben sie nur freitags, aber nur dann, wenn es Bücher gibt, in denen sie lesen können. Aber es gibt niemals welche. } ← ______________

Astrid Lindgren ← ______________

3. Beantworte die Fragen!

In welcher Zeile steht das Wort Bücher? ______________

Wie viele Wörter hat die Überschrift der Geschichte? ______________

In wie viele Abschnitte ist die Geschichte gegliedert? ______________

Name: ______________________ Datum: ____________

Meine Traumschule

In Lutherstadt-Wittenberg gibt es eine Schule, die von dem Künstler Friedensreich Hundertwasser umgebaut wurde.

Die Schule ist bunt bemalt und hat drei Türme. Aus den Fenstern wachsen Bäume und auf den Dächern viele Blumen.

Es gibt auch ein Planetarium. Das ist ein großer Raum mit einem Glasdach. Hier können die Kinder mit Fernrohren den Mond und die Sterne beobachten.

1. Wie sieht es in deiner Traumschule aus? Schreibe es auf!

Name: ______________________ Datum: __________

Was du alles kannst

1. Lies das Gedicht genau und verbinde die Zeile mit dem richtigen Bild!

Was du alles kannst

Der Mutter den Kuchenteig rühren,
einen Blinden über die Straße führen.
Die Zehen und Finger zählen,
deine Freunde wählen.
Beim Spiel verweilen,
das Brot und den Apfel teilen.
Über dein Brüderchen wachen,
singen, tanzen und lachen,
dein Dreirad lenken –
und denken!

Max Bolliger

2. Suche die Veränderungen in dem Gedicht und markiere sie farbig!

Was du alles kennst

Der Butter den Kuchenteig rühren,
einen Blinden über die Straße fahren.
Die Zehen und Finger zahlen,
deine Feinde wählen.
Beim Spiel verwelken,
das Brett und den Apfel teilen.
Über dein Brüderchen waschen,
sinken, tanzen und lachen,
dein Dreirad linken –
und danken!

11 Veränderungen

3. Schreibe auf, was du alles kannst!

→ W S. 23

Name: ______________________ Datum: ____________

Wortspiele für Dreckspatzen

1. Lies das Gedicht von Erwin Grosche!

Schreibe ein ähnliches Gedicht!

Die Seife	**Das Wasser**	**Die Tränen**
S E I F E	W _ _ _ _ _	T _ _ _ _ _
S E I F	_ _ _ _ _	_ _ _ _ _
S E I	_ _ _ _	_ _ _ _
S E	_ _ _	_ _ _
S	_ _	_ _
	_	_
sauber	____________	____________

Erwin Grosche

2. Erfinde selbst so ein Gedicht!

3. Welche Buchstaben fehlen hier?
Tausche in jeder Reihe immer nur einen Buchstaben aus!

S	A	N	D
H	A	N	D
	A	N	D
	I	N	D
K	I	N	D

M	A	U	S
H	A	U	T

W	A	N	N	E
S	O	N	N	E

4. Was kannst du aus NASE, NASS oder ... machen?

Name: ______________________ Datum: ____________

Obstsalat und Gemüsespieße

Kinder	für Gemüsespieße	für Obstsalat
Ferry, Annika, Michael	Gurken	Äpfel
Nina, Peter, Fabian	Karotten	Bananen
Stefano, Anabel, Lisa	Tomaten	Birnen
Lara, Enes, Tom	Paprika	Pflaumen
Tim, Edna, Tanja	Kohlrabi	Ananas

1. Lies in der Tabelle nach und fülle die Lücken aus!

Die Klasse 2c möchte nächste Woche ____________________

und ____________________ machen.

Sie schreiben an die Tafel, wer was mitbringt.

Ferrys Gruppe bringt ____________________

und ____________________ mit.

Anabel mag keine Tomaten,

deshalb bringt sie nur ____________________ mit.

Nina bringt aus ihrem Garten das Gemüse für ihre Gruppe mit.

Es sind ____________________

2. Lara fehlt heute.
Die Klasse schreibt ihr einen Zettel.

Darauf steht: *Bringe nächste Woche bitte Obst mit!*

Was kann Lara mitbringen? ____________________.

- Schreibe oder male in dein Lerntagebuch!

Name: ______________________ Datum: ____________

Speisekarte oder Reisekarte?

1. Lies genau! Welche Buchstaben haben sich verändert? Markiere sie!

Durstsalat
Wurstsalat

Sohnkuchen
Mohnkuchen

Hasenbraten
Hosenbraten

Schinkennadeln
Schinkennudeln

Haselnusstorte
Haselkusstorte

Vollkornbrot
Vollkernbrot

Kirschmarmelade
Hirschmarmelade

Tomatenpuppe
Tomatensuppe

Apfelpudel
Apfelstrudel

Lauchauflauf
Bauchauflauf

Früchtetee
Früchtefee

Kinderwunsch
Kinderpunsch

2. Male die Mützen der Köpfe so an:

- Das isst man kalt: blau
- Das isst man warm: rot
- Das trinkt man: gelb

3. Was isst und trinkst du gerne?

Name: ______________________ Datum: ____________

Unsere Sinne

1. Verbinde jedes Verb mit dem passenden Bild!

schnuppern · lecken · hören · riechen · tränen · schmecken · schielen · laufen · wackeln · blinzeln · schnalzen · lauschen

2. Ordne die Verben richtig in die Tabelle ein!

 Meine Augen können ...	 Meine Ohren können ...	 Meine Nase kann ...	 Meine Zunge kann ...

3 Verben in jeder Spalte

3. Findest du noch mehr passende Verben? Trage sie ein!

- Schreibe oder male in dein Lerntagebuch!

Name: ______________________ Datum: __________

Unsere Ohren

1. Wo ist das Wort Ohr/ohr versteckt? Markiere!

Ohrring Ohrenarzt Mohrrübe Ohrmuschel

Ohrenschmerzen Elefantenohr

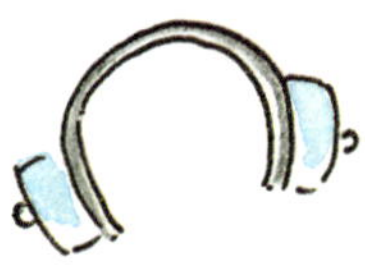

Ohrenschützer Ofenrohr Mittelohr

→ W S.28

2. Lies den Text genau! Die gelb markierten Wörter sind wichtige Wörter. Welche Wörter sind noch wichtig? Markiere sie!

Was unsere Ohren alles können

Wir haben zwei Ohren. Damit können wir hören, aus welcher Richtung ein Ton oder Geräusch kommt.

Wir können bis zu vierhunderttausend Töne unterscheiden: laute oder leise, nahe oder ferne, hohe oder tiefe, lange oder kurze.

Laute Musik oder Lärm können für die Ohren gefährlich sein. Wer sich jeden Tag viel Lärm zumutet, kann nach einiger Zeit schwerhörig werden.

3. Schreibe die markierten Wörter auf Kärtchen! Fällt dir zu jedem Wort etwas ein? Wenn nicht, lies den Text noch einmal!

4. Lege die Kärtchen so, dass du damit einem Partner genau berichten kannst, was du gelesen hast!

Wörter zu markieren kann dir helfen, dich besser an den Inhalt eines Textes zu erinnern.

Name: ______________________ Datum: ______________

Hilfe für die Augen

Welche Sehhilfe ist mit Gucki gemeint?

1. Lies genau und kreuze die passenden Bilder an!

Gucki kann ich nicht brauchen,
wenn mich die Sonne blendet.

Gucki kann ich nicht brauchen,
wenn ich Buchstaben unscharf sehe.

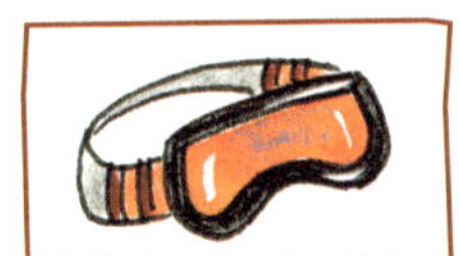

Gucki kann ich nicht brauchen,
wenn ich etwas vergrößert anschauen will.

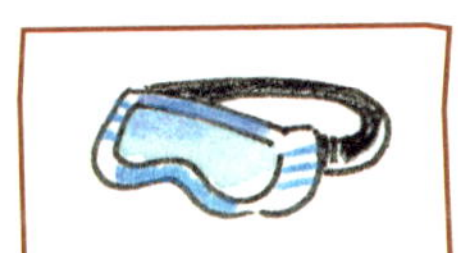

Gucki kann ich nicht brauchen,
wenn es beim Schilaufen schneit.

Gucki kann ich nicht brauchen,
wenn ich Dinge aus der Ferne ganz nah sehen will.

2. Welches Bild ist nicht angekreuzt?
Trage die Lösung ein und schreibe den Satz zu Ende!

Gucki ist eine ______________________

Ich brauche sie, wenn ______________________

____

Gucki ist ein Wort mit 13 Buchstaben

3. Was ist eine Pupille? Kreuze an!

Eine Pupille ist
- ☐ eine bittere Pille.
- ☐ ein Pinguin mit Brille.
- ☐ der dunkle Punkt in der Mitte des Auges.

Name: ______________________ Datum: ____________

Zahnlücken

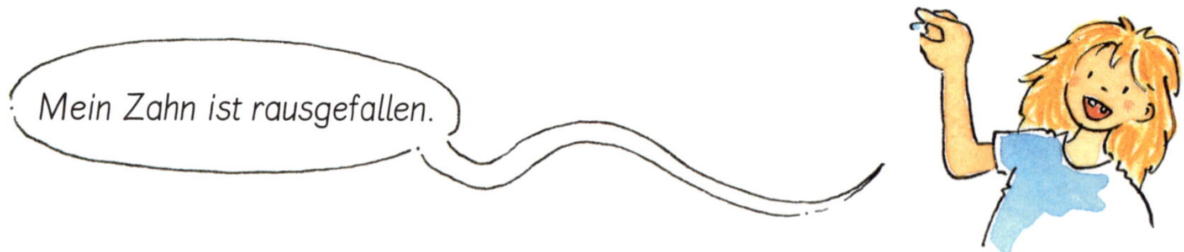

1. Lies den Satz von Alina jedes Mal anders vor!
Lass die anderen Kinder raten, wie du dich fühlst!

- mal freudig
- mal traurig
- mal erschrocken
- mal wütend . . .

→ W S. 34

2. Übe das Gedicht zu lesen!
Markiere die Wörter, die du betonen willst!

Gurgl murgl rogl momm

Gurgl murgl rogl momm
pfzzta schlabba gurgl schlibb
schlabba schlibba schlommogromm
gurgl murgl schlibba glibb
So ergreifend – gurgl – und
schön klingt – schlabba – ein Gedicht,
wenn man es mit einem Mund voll
mit Zahnputzwasser spricht.

Gerald Jatzek

3. Trage das Gedicht dann anderen Kindern vor! Sprich es

- laut oder leise
- schnell oder langsam
- mit piepsiger oder mit brummender Stimme
- mit oder ohne Wasser im Mund . . .

Einen Text kannst du ganz unterschiedlich betonen.
Mit deiner Stimme kannst du verschiedene Gefühle
und Stimmungen ausdrücken.

Name: ______________________ Datum: ______________

Menschen zeigen Gefühle

1. Lies die Geschichten genau!
Manche Wörter passen nicht. Streiche sie durch!

____

Tinas Vater hat schlechte ~~Zeit~~ Laune.
Tina liest singt ihm einen Witz vor.
Da muss der Braten Vater lachen und ...

ängstlich

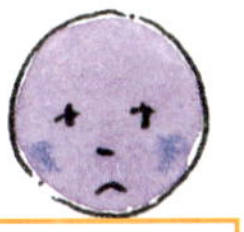

traurig

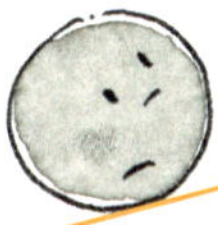

einsam

ungeduldig

____

Nick freut sich. Oma kommt heute gestern zu Besuch. Da ruft klingelt das Telefon. Es ist Max Oma. „Ich kann nicht kommen. Ich bin krank satt“, sagt sie. Nick muss schlucken. Schon kullern die ersten Murmeln Tränen. Er lässt den Kopf hängen und ...

____

Sofie und Benita lesen springen Seil.
Da kommt Paul und fragt Sofie:
„Spielst du mit mir Ball Brot?“
Sofie lässt Benita einfach stehen
und lacht geht mit Paul davon.
Benita ruft ihr hinterher: „Du bist gemein“,
überkreuzt die Seile Arme, stampft mit dem
Fuß Bauch auf und ...

zornig

fröhlich

beleidigt

Zeit, singt, Braten, gestern, ruft, Max, satt, Murmeln, lesen, Brot, lacht, Seile, Bauch

2. Finde passende Überschriften zu den Geschichten!
Die Wortkärtchen können dir helfen.

3. Schreibe eine der Geschichten zu Ende.

Name: ______________________ Datum: ____________

Geschichten in Gesichtern

1. Gib jedem Kind einen Namen. Wie fühlt sich jedes Kind? Schreibe es unter das Foto!

2. Warum fühlen sich die Kinder so? Was ist vorher passiert? Schreibe es neben die Bilder!

Name: ______________________ Datum: ______________

Eine rätselhafte Familie

1. Wer sind diese Leute? Schreibe die Lösung auf!

Sie ist Mamas Mama.
Sie ist Opas Frau.

Es ist meine ______________.

Sie ist Opas Tochter.
Sie ist Papas Frau.

Es ist meine ______________.

Er ist Omas Sohn.
Er ist Mamas Bruder.

Es ist mein ______________.

- Schreibe oder male in dein Lerntagebuch!

2. Schreibe ein eigenes Rätsel!

Name: ______________________ Datum: __________

Kleine Haustiere

1. Lies genau!

Kleintiere sind Wellensittiche, Mäuse, Hamster, Meerschweinchen und Kaninchen. Sie kosten zwar nicht sehr viel, aber für das Futter und den Tierarzt brauchst du auch Geld. Ein Kleintier muss täglich versorgt werden. Du musst es jeden Tag füttern. Außerdem solltest du den Fressnapf und das Trinkröhrchen reinigen. Die Streu im Käfig musst du oft erneuern. Nimm dir für dein Tier Zeit! Es freut sich, wenn du mit ihm spielst und es streichelst.

2. Prüfe, ob du genau gelesen hast!
Markiere die richtigen Buchstaben!

	ja	nein
Kleine Haustiere sind Schnecken oder Amseln.	K	F
Das Tierfutter kostet Geld.	U	R
Kleintiere muss man täglich füttern.	T	A
Die Streu muss man regelmäßig wechseln.	T	L
Ein Kleintier spielt am liebsten allein.	L	E
Kleintiere mögen es, wenn man sie streichelt.	R	E

Lösungswort: ☐ ☐ ☐ ☐ ☐ ☐

→ W S. 23

3. Welches Haustier hättest du gern?

Beginne so: Mein Lieblingstier ist

ein ______________, weil

Name: ______________________ Datum: __________

Einladung zum Geburtstag

Luisa hat in diesem Jahr an einem Samstag Geburtstag.
Sie möchte Lara, Jan, Celina und Aila einladen.
Luisa wohnt im Sonnenweg 4.
Um drei Uhr soll ihre Feier beginnen.
Drei Stunden lang darf Luisa
mit ihren Gästen feiern.

Luisa möchte auch Einladungskarten schreiben.
Du kannst ihr dabei helfen.

1. Setze die fehlenden Wörter ein!

Einladung

Liebe ______________________,

ich lade Dich herzlich zu meinem ______________________ ein.

Bitte komme am ____________ in den ______________________.

Die Feier geht von ____________ bis ____________ Uhr.

Viele Grüße, Deine Luisa

2. Schreibe oder bastele eine eigene Einladung!

→ W S. 26

Denke bei Einladungen auch an den Ort,
den Tag und die Zeit!

- Schreibe oder male in dein Lerntagebuch!

Name: ______________________ Datum: ____________

Speisen aus aller Welt

In diesem Text fehlen die Satzzeichen.

1. Setze nach jedem Satz einen Punkt!

In unserer Klasse sind Kinder aus fünf Ländern. Im August war unser Klassenfest Alle Familien haben ein Gericht aus ihrem Land mitgebracht Die Speisen haben toll gerochen Ich habe aber nicht alle gekostet

2. Willst du noch mehr über die Speisen wissen? Lies weiter und markiere im Text alle Kinder, Länder und Speisen!

Die Familie von Jimmy kommt aus China.
Sie hat eine Suppe mit Huhn, Curry und Kokosmilch gekocht.

Buket kommt aus der Türkei. Sie hat mit ihrer Mutter Köfte gebraten. Das sind kleine Fleischbällchen. Dazu gab es Joghurtsoße.

Julia ist mit ihrer Familie aus Russland eingewandert. Ihre Oma hatte ein ganzes Blech mit Piroggen gebacken. Das sind mit Gemüse gefüllte Teigtaschen.

Anna hat Kartoffelsalat und warme Würstchen mitgebracht.

3. Lege eine Tabelle an! Übertrage die markierten Wörter!

Kind	*Land*	*Speise*
Jimmy	*China*	*Suppe mit Huhn*

Name: ______________________ Datum: ____________

Omas Gesicht

1. Lies das Gedicht genau!
Setze die fehlenden Wörter ein.

Silber und Gold

Oma hat Falten im Gesicht,
die sind
vom vielen ______________
und ______________ sie nicht.

Oma ist siebzig ______________,
sie hat goldene ______________
und silberne ______________.

Hans und Monique Hagen

~~Falten~~
stören
Haare
Zähne
Lachen
Jahre

2. Schreibe auf, wie du deine Oma siehst!

____

____

____

____

____

____

____

Name: ____________________ Datum: ____________

Nina und das Denken

1. Finde zu jedem Satzanfang den passenden Schluss und verbinde beides!

Nina sitzt in Großmutters Zimmer.

Die Großmutter schreibt einen Brief.

Nina zeichnet	stockt er.
Großmutters Kugelschreiber	flitzt über die Seite.
Plötzlich	ein Bild.

Die Großmutter drückt	lange aus.
Das macht „klick“ und „klack“	die Luft an.
Die Großmutter hält	und wieder „klick“ und klack“.
Dann atmet sie	den Knopf.

Sie fährt sich	fragt die Großmutter.
Nina sieht	ihre Großmutter an.
„Was ist denn, Nina?“,	durch die Haare.

„Ich hör dir beim Denken zu“,	sagt die Großmutter.
„Da ist doch nichts zu hören“,	sagt Nina.
„Doch“,	antwortet Nina.

Renate Welsh

Name: ______________________ Datum: __________

Zusammen sind wir stark!

1. Finde das passende Reimwort! Schreibe es in die richtige Zeile!

Freunde sind wichtig, richtig!

Schlagen macht stark, ____________

Küssen muss sein, ____________

Eltern sind für Kinder da, ____________

Kinder sind wunderbar, ____________

Streiten ist schlecht, ____________

Opa macht Witze, ____________

Mach dir Mut, ____________

echt? | gut! | spitze! | na klar! | ja! | Quark! | nein! | ~~richtig!~~

2. Bilde eigene Sätze!

wichtig, !

____

____

____

- Schreibe oder male in dein Lerntagebuch!

Name: ______________________ Datum: __________

Die kleine Maus sucht einen Freund

Wie antworten die Tiere?

1. Markiere die Wörter im Text!

Die kleine Maus war einsam und allein.
Sie wünschte sich nichts lieber als einen Freund.
Darum lief sie von Tier zu Tier und fragte:
Wollen wir Freunde sein?
Nein, wieherte das Pferd und graste weiter.
Da lief die Maus zum nächsten Tier und fragte:
Wollen wir Freunde sein?
Nein, brüllte der Löwe und schüttelte seine Mähne.
Da lief die Maus zum nächsten Tier und fragte:
Wollen wir Freunde sein?
Nein, schnaubte das Nilpferd und trottete zum Fluss.
Da lief die Maus zum nächsten Tier und fragte:
Wollen wir Freunde sein?
Nein, kreischte der Affe und rollte mit seinen dunklen Augen.
Da lief die Maus zum nächsten Tier und fragte:
Wollen wir Freunde sein?
Nein, knurrte der Fuchs und schlich davon.
Da lief die Maus zum nächsten Tier und fragte:
Wollen wir Freunde sein?

Viktor Christen/Eric Carle

2. Schreibe die markierten Wörter auf.

Das Pferd wieherte. Der Löwe ______________.

Das Nilpferd ______________. Der Affe ______________.

Der Fuchs ______________.

3. Wie geht bei dir die Geschichte weiter?

Name: ______________________ Datum: ____________

Ich und du

Hier sind zwei Gedichte vermischt.

1. Lies genau! Was fällt dir auf?

Ich stehe manchmal neben mir
Ich freue mich, wenn ich dich seh
und sage freundlich du zu mir
ich finde dich so nett,
und sag du bist ein Exemplar
ich schenke dir mein H und E
wie keines jemals vor dir war
mein R und auch mein Z. *Frantz Wittkamp*
du bist der Stern der Sterne,
das hör ich nämlich gerne. *Jürgen Spohn*

2. Welche Zeilen gehören zu welchem Gedicht?
Markiere in zwei Farben!

3. Schreibe eines der beiden Gedichte richtig ab!
Denke dir eine Überschrift aus!

→ W S. 24

Ich

Name: ______________________ Datum: __________

Langeweile

Einem kleinen Mädchen war es langweilig.
Es stellte sich vor die Haustüre und dachte:
Wenn doch nur eine wunderschöne Prinzessin
vorbeikäme! Oder ein König! Oder ein Känguru!
Aber nichts geschah, und das kleine Mädchen
wollte schon wieder hineingehen.
Da sah es mitten auf der Straße ...

Winfried Wolf

1. Schreibe die Geschichte weiter!

- Schreibe oder male in dein Lerntagebuch!

Name: Datum:

Auf der Wiese ist was los!

1. Verbinde die Sätze mit den passenden Bildern!

Auf einer grünen Wiese steht eine braune Kuh.

Ein Schmetterling flattert von Blume zu Blume.

In der Luft kreist eine freche Fliege.

Auf einem Löwenzahnblatt kriecht eine Schnecke.

Auf dem Ast eines Baumes pfeift ein Spatz.

Eine Biene sitzt auf einer Blume und sammelt Nektar.

2. Schreibe selbst passende Sätze zu den Bildern!

3. Schreibe eigene Sätze und male dazu! Aus mehreren Seiten kann ein kleines Wiesenbilderbuch entstehen.

Name: ______________________ Datum: ____________

Wiesenwörter

Kannst du dir die Wiesenwörter merken?

1. Es geht leichter, wenn du die Wörter in Gruppen einteilst.

Wiesengeräusche	**Wiesentiere**	**Wiesenpflanzen**
zirpen		

2. Schreibe eigene Wörter in die Tabelle dazu!

3. Was ist das?

______________ ______________ ______________

Name: ______________________ Datum: ______________

Tiere im Buchstaben-Dschungel

1. Finde 10 Tiere im Suchsel und markiere die Felder!

2. Schreibe die Tiere auf die Linien!

N	T	B	G	R	I	L	L	E	P
M	H	A	M	E	I	S	E	Q	Q
K	Ä	F	E	R	G	H	V	V	P
Z	X	M	A	U	L	W	U	R	F
F	S	Z	G	N	B	I	E	N	E
S	C	H	N	E	C	K	E	C	Z
R	A	M	A	U	S	O	C	C	U
H	R	E	G	E	N	W	U	R	M
B	H	J	S	P	I	N	N	E	H
Y	Z	K	H	W	E	S	P	E	E

Grille, Ameise, Käfer, Maulwurf, Biene, Schnecke, Maus, Regenwurm, Spinne, Wespe

3. Du kannst auch selbst ein Suchsel herstellen.
Lass einen Partner die Wörter finden!

Name: ______________________ Datum: ____________

Tierisch durcheinander

Hier sind zwei Sachtexte durcheinander geraten.

1. Lies genau und markiere die Sätze zur Spinne!

Die Meise
Die Spinne
Die Singvögel hüpfen
Viele Spinnen weben Netze
geschickt von Ast zu Ast,
aus sehr feinen Fäden.
wenn sie Futter suchen.
Sie fressen Insekten und Samen.
Sie wohnen darin und fangen damit Insekten.
Spinnen sind oft giftig.
Die Kohlmeise kommt bei uns am häufigsten vor.
Für den Menschen sind sie jedoch meist ungefährlich.

2. Schreibe den Sachtext über die Spinne richtig auf!

Beginne so: Die Spinne
Viele Spinnen weben …

3. Vergleiche beide Texte! Welche Fehler haben sich versteckt?
Markiere die Fehler farbig!

RICHTIG!

Der Igel
Auf dem Rücken hat der Igel tausende von Stacheln.
Am Bauch hat er ein weiches Fell.
Bei Gefahr rollt er sich zur stacheligen Kugel zusammen.
Während der kalten Monate hält er Winterschlaf in seinem Nest.

FALSCH!

Der Igel
Auf dem Rücken hat der Igel ein weiches Fell.
Am Bauch hat er tausende von Stacheln. Bei Gefahr rollt er sich zur kuscheligen Kugel zusammen.
Während der kalten Monate hält er Sommerschlaf in seinem Nest.

4 Fehler: ein weiches Fell, tausende von Stacheln, kuscheligen Kugel, Sommerschlaf

Name: ______________________ Datum: ____________

Tiere und Pflanzen im Lexikon

In einem Lexikon erfährst du mehr über Pflanzen und Tiere.
Alle Begriffe sind nach dem Alphabet geordnet.
Deshalb musst du das Alphabet gut können.

1. Welche Buchstaben fehlen im Abc? Trage sie ein!
Die fehlenden Buchstaben ergeben ein Lösungswort.

A	B	C	D		F	G	H		J			M
				2				4		5	1	

		P	Q	R	S	T	U	V	W		Y	Z
7	6									3		

Lösungswort:

1	2	3	4	5	6	7

2. An welcher Stelle im Abc stehen die Tiere? Kreuze an!

A–I	J–R	S–Z

A–I	J–R	S–Z

A–I	J–R	S–Z

A–I	J–R	S–Z

3. Suche in einem Lexikon Tiere mit dem Buchstaben M!
Schreibe sie auf!

→ W S. 29

4. Schreibe Informationen über eine Pflanze oder ein Tier aus dem Lexikon heraus!

- Schreibe oder male in dein Lerntagebuch!

Name: ______________________________ Datum: ____________

Tierisch menschlich

1. Schreibe die Sätze mit Hilfe der Wortkarten weiter!

Du bist langsam wie eine Schnecke.

Du bist stumm wie ____________________.

Du bist blind wie ____________________.

Du bist fleißig wie ____________________.

Du bist stark wie ____________________.

Du bist giftig wie ____________________.

Du bist schlau wie ____________________.

Wortkarten: ein Fuchs | eine Schlange | ein Bär | ~~eine Schnecke~~ | eine Biene | ein Maulwurf | ein Fisch

2. Lies die beiden Briefe einem Partner vor!
Markiere die Wörter, die du betonen möchtest!

Liebe Schnecke,

darf ich Sie einladen, einmal mit mir zu tanzen,
und zwar oben auf Ihrem Haus?
Nur ein paar Schritte?
Das ist mein größter Wunsch.
Ich werde sehr vorsichtig sein,
damit wir nicht durch Ihr Dach brechen.
Das verspreche ich. Aber ganz sicher
kann man natürlich nie sein.

Elefant

Lieber Elefant,

vielen Dank für Ihren Brief.
Später möchte ich bestimmt einmal
mit Ihnen auf meinem Dach tanzen.
Da bin ich mir fast sicher.
Ich glaube, dass ich
sehr gut tanzen kann.
Aber vorläufig passt es mir
leider nicht so gut.

Schnecke

Toon Tellegen

3. Schreibe einen Brief, den die Schnecke an ein anderes Tier schicken könnte!
Lass einen Partner auf diesen Brief antworten!

Name: ______________________ Datum: ____________

Die Margerite

1. Lies genau! Markiere die Wörter, die man zeichnen kann!

Die Margerite ist eine Blume,
die auf vielen Wiesen zu finden ist.
Ihre Blüte sitzt auf einem Stängel,
der bis zu einem Meter hoch werden kann.
Am Stängel wachsen gezahnte Blätter.
Margeriten haben ein goldgelbes Herz.
Dies ist von weißen Blütenblättern umgeben.
Blumenhändler bieten Margeriten
oft in leuchtenden Farben an.
Dazu verwenden sie einen Trick.
Sie stellen die Sträuße einige Zeit
in gefärbtes Wasser.

2. Male die markierten Wörter auf einen Spickzettel!

3. Berichte einem Partner mit Hilfe des Spickzettels, was du über die Margerite weißt!

4. Diese Blumen findest du auf keiner Wiese. Schreibe die richtigen Blumennamen auf!

Löwenfuß	Gänsemäulchen	Löwenblümchen	Hahnenzahn

- Schreibe oder male in dein Lerntagebuch!

Name: ______________________ Datum: ____________

Wiesenblumen

1. Schreibe die fehlenden Teile des Satzes an die richtige Stelle!

Das Gänseblümchen

Das Gänseblümchen wächst am besten auf ______________

______________ Die Blüten des Gänseblümchens sind

____

Der Duft der Blüten ______________

Weil sie sehr klein sind, ______________

____

lockt viele Insekten an.	werden sie oft nicht abgemäht.
einem lehmigen Boden.	außen weiß und innen gelb.

2. Lies den Steckbrief zum Löwenzahn genau!

Der Löwenzahn

Blütezeit:	März bis November
Standort:	Wiese und Rasen
Blütenfarbe:	leuchtend gelb
Blattform:	wie ein Löwengebiss
Größe:	5 bis 50 Zentimeter
Andere Namen:	Pusteblume, Kuhblume

3. Beschreibe mit Hilfe des Steckbriefes den Löwenzahn!

Beginne so: Der Löwenzahn blüht von …

- Schreibe oder male in dein Lerntagebuch!

Name: ____________________ Datum: ____________

Unter der Erde und in der Luft

1. Setze die fehlenden Wörter ein!

Der Maulwurf

Das kurze Fell des Maulwurfs ist ____________.

Seine Nase ist sehr ____________.

Mit seinen ____________ Pfoten kann er gut graben.

Die Augen des Maulwurfs sind fast ____________.

schwarz ~~kurz~~ spitz großen blind

2. Schau dir das Bild der Fliege genau an und schreibe einen Steckbrief!

Fell/Farbe: Haut mit kleinen Haaren, schwarz

Augen: ____________

Flügel: ____________

Rüssel: ____________

Füße: ____________

Körper: ____________

3. Beschreibe die Fliege genau!

→ W S.35

Beginne so: Die Fliege

Die Fliege hat eine Haut mit kleinen Haaren.

Sie ist schwarz. Die Augen …

Beschreibe einen Gegenstand so genau, dass man sich ihn auch ohne Bild vorstellen kann!

Name: ______________________ Datum: __________

Wutanfall

1. Schreibe zu den Bildern eine Geschichte!

____

____

____

____

____

____

____

____

____

Name: ______________________ Datum: ______________

Zum Glück nur ein Traum

1. Schau dir die Bilder genau an!

2. Schreibe in die Sprechblasen, was die Personen sagen könnten!

3. Suche dir einen Partner! Lest den Text mit verteilten Rollen!

4. Schreibe zu den Bildern eine Geschichte!

Name: ______________________ Datum: ____________

Zungenbrecher

1. Übe die kurzen Texte immer schneller zu lesen!

2. Lies die Zungenbrecher einem Partner vor!

Zwischen zwei Zwetschgenzweigen
zwitschern zwei Schwalben.

Es sprach der Herr von Rubenstein,
mein Hund, der ist nicht stubenrein.

Menschen mögen Möwen leiden,
während sie die Löwen meiden.

Spitzer spitzen Stifte spielend spitz.
Spitz spitzen Spitzer spielend Stifte.

Nie im Leben nadeln Tannen im Nebel,
im Nebel nadeln Tannen nie.

Anonym

Quatschende Quallen in quirligen Quellen
sind quasi wie quietschende Quasselstrippen.

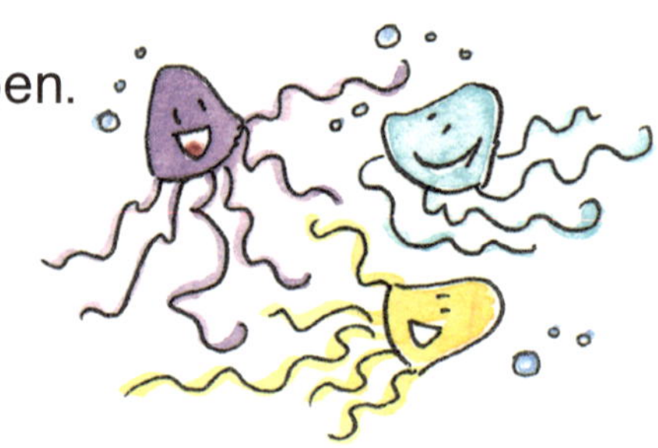

Zungenbrecher zerbrechen keine Zungen,
zondern zeigen zehr viel Spaß
am schnellen Sprechen.

Helge May

3. Warum heißen diese Verse Zungenbrecher?

____

____

4. Schreibe selbst Zungenbrecher!

- Schreibe oder male in dein Lerntagebuch!

Name: ______________________ Datum: ____________

Apfelfantasie

1. Das Bild erzählt eine Geschichte.
Schau es dir genau an! Sammle Wörter zu dem Bild!

René Magritte, Das Zimmer des Lauschens (1953)

2. Schreibe die Geschichte auf! Deine Wörter können dir helfen.

____

____

____

____

____

____

____

3. Überlege dir eine Überschrift!

Name: ______________________________ Datum: ______________

Ein traumhafter Ritt

In diese Geschichte haben sich falsche Wörter eingeschlichen.

1. Wähle unten aus den Wortkarten passende Wörter und setze sie in den Text ein!

Plitsch

Einmal bin ich auf meinem ~~Plitsch~~ ___Pony___ geritten.

Kaum saß ich im Sattel, da plitschte __________ es schon davon.

Auf einmal hob es ab und fing an zu plitschen __________.

Es flog hoch über unser Plitsch __________.

Ich konnte in unsere Plitsch __________ hineinsehen.

In der Küche sah ich meinen Plitsch __________.

Er stand am Herd und plitschte __________.

Oh, wie gut das plitschte __________.

Schnell zog ich an den Plitsch __________.

Mein Plitsch __________ hielt so plötzlich an, dass ich herunterfiel.

Ich lag vor meinem Plitsch __________ und Mama rief:

„Aufstehen, Tom! Frühstück ist fertig!"

| Haus | Fenster | trabte | ~~Pony~~ | fliegen | kochte |
| Zügeln | Vater | duftete | Bett | Pony | |

2. Lies den Text zur Kontrolle einem Partner vor!

Name: ______________________ Datum: ______________

Ein Minibuch

1. Lies den Text und markiere die Tageszeiten!
2. Schneide die Seiten an den gestrichelten Linien aus!
   Lege sie in die richtige Reihenfolge!
3. Nummeriere die Seiten und hefte sie zusammen!

Annas Traum

von

Marie Sonntag

Eines Morgens wachte die kleine Anna auf und war einen Kopf größer. Am Frühstückstisch staunte Annas Mama. Sie versprach, Anna nicht mehr „meine kleine Maus“ zu nennen.

1

Bis zum Abendessen war Anna noch einmal gewachsen. Ihr Bruder David war beleidigt. Gestern war er noch der größere von beiden. „Anna kommt schon wieder runter von ihrem hohen Ross!“, tröstete ihn seine Mama. ☐

Als Anna von der Schule nach Hause kam, war sie bereits zwei Köpfe größer. „Jetzt bist du meine große Anna“, sagte Annas Mama.

☐

In der Nacht träumte Anna, sie könne über den Fernsehturm springen. Als sie am Morgen aufwachte, war sie weich in ihrem Bett gelandet. „Guten Morgen, meine kleine Maus“, sagte Annas Mama. ☐

Nach dem Mittagessen machte Anna ihre Hausaufgaben und wuchs dabei noch ein wenig. „Du machst ja riesige Fortschritte“, freute sich Annas Mama. ☐

Name: ______________________ Datum: ____________

Räuberjagd

1. Finde das passende Reimwort!
Schreibe es in die richtige Zeile!

2. Lies das Gedicht mit einem Partner!
Wechselt euch ab!

Ein Polizist jagt einen Räuber

Ein Räuber im Auto – o-bibbele-bist –
und hinter ihm her jagt ein ____________________.

Was hat er gestohlen? – o-tibbele-teet –,
im Auto, da liegt ja ein großes ____________________.

Und auf dem Paket sitzt – o-bibbele-bien –
ein richtiger lebender ____________________.

Den hat er gestohlen – o-tibbele-tilzen –
und außerdem noch einen Beutel mit ____________________.

„Ach, lass ihn doch laufen" – o-tandaradei –,
ruft hoch auf der Palme ein ____________________.

„Und geh doch nach Hause – o-stibbele-stoffeln –
und wärm dich am Ofen mit Tee und ____________________.

„Sei still!" ruft der Polizist – o-tibbele-talme –,
„Du dämlicher Vogel da auf der ____________________.

Polizist, Paket, Pinguin, Pilzen, Papagei, Pantoffeln, Palme

Heinrich Hannover

- Schreibe oder male in dein Lerntagebuch!

Name: ______________________ Datum: ____________

Räuber-Steckbriefe

1. Male den Räuber, wie er im Steckbrief beschrieben ist!

Aussehen: längliches Gesicht, große Augen, spitze Nase, Bart
Augenfarbe: braun
Haare: kurz, lockig, dunkelbraun
Kleidung: großer brauner Schlapphut mit Feder, Ohrring im linken Ohr
Besondere Kennzeichen:
Narbe auf der linken Wange.

2. Male das Bild der Räuberin farbig aus!

→ W S. 35

3. Schreibe den Steckbrief zum Bild!
Erfinde ein besonderes Kennzeichen!

Ein Steckbrief beschreibt genau das Aussehen von Personen oder Gegenständen oder Tieren und Pflanzen.

Name: ______________________ Datum: ____________

Wichtige Begriffe für Textforscher

Diese Wörter können dir helfen, verschiedene Arten von Texten zu erkennen.

Geschichte | Handlung | Figur

1. Weißt du, was diese Begriffe bedeuten?
Wenn nicht, dann frage nach! Du kannst auch nachschlagen!

→ W S. 36

Neugierig

Marcel will immer alles genau wissen. Zurzeit hat er es auf Uhren abgesehen. Nicht auf die modernen Digitaluhren, die findet er langweilig. Nein, so richtige alte Uhren mit Zeigern interessieren ihn. Zum Glück hängt im Esszimmer die uralte Wanduhr von der Großmutter.
Und als eines Nachmittags außer ihm niemand in der Wohnung ist, nimmt Marcel sie ab und sieht sie sich genau an – natürlich von innen. Er ist so in seine Arbeit vertieft, dass er nicht einmal seinen Vater kommen hört.
„Marcel!“, ruft der Vater entsetzt. „Das darf doch nicht wahr sein!“
Marcel schaut seinen Vater an.
„Weißt du, welches Rädchen den großen Zeiger bewegt und welches den kleinen?“
„Das interessiert mich nicht!“
„Aber mich“, sagt Marcel. „Und jetzt weiß ich's.“

Manfred Mai

2. Beantworte die Fragen! Kreuze an und schreibe!

Ist der Text ein Gedicht ☐ eine Geschichte ☐ ein Theaterstück ☐ ?

Welche Figuren kommen vor? ______________________________

Welche Handlung hat die Geschichte? ______________________

____

____

- Schreibe oder male in dein Lerntagebuch!

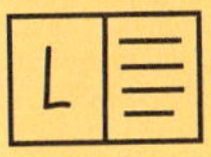

Name: ______________________ Datum: __________

Abfallverwertung

1. Lies das Gedicht! Was fällt dir Besonderes daran auf?

Glasscherbe
Orangenschale
Löffelstiel
Dachrinne
Bierflasche
Apfelbutzen
Radieschenschwanz
Rechenheft
Eimer
Nagel

Lauter weggeworfenes Zeug!
Was tun damit?
Nimm von jedem etwas! Es lohnt sich.

Josef Guggenmos

2. Schreib ein ähnliches Gedicht! **3.** Schreib ein eigenes Gedicht!

Papier
E ______________________
R ______________________
L ______________________
E ______________________
N ______________________

☐ ______________________
☐ ______________________
☐ ______________________
☐ ______________________
☐ ______________________
☐ ______________________

Name: ______________________ Datum: __________

Praktische Erfindungen

1. Lies die langen Wörter!
Setze Striche für deinen Lesepfeil!

Hände | wäscher

Kinderzimmeraufräumer

Witzfigurenbuntstiftmaler

Reißverschlusshochzieher

Traumwolkenreiseführer

Turboschnellgangrasenmäher

Kindergeschichtenschreiberfinder

Kinderspielplatzhundehaufensucher

In diesem Text fehlen die Punkte.

2. Lies den Text laut! Mach eine Pause, wenn ein Satz zu Ende ist!

3. Setze alle Punkte mit einem roten Stift!

Celina frühstückt. Ihre Mutter
schmiert ihr ein Honigbrot mit ihrer bunten Hose
fällt Celina bestimmt auf das Radio
meldet Sonnenschein für den Abschiedskuss
bleibt keine Zeit in der Schultasche
steckt ihre Geschichten-Erfinder-Maschine
mit lachendem Gesicht läuft Celina
auf die Straße in der Schule
werden jetzt alle staunen.

4. Schreibe den Text richtig in dein Heft!

Name: ______________________________ Datum: ______________

Die größte Erfindung aller Zeiten

→ W S.32

1. Lies die Geschichte genau!
Markiere die Wörter, die zu den Erzählkarten gehören!

Parzifal Pechfinger war der größte Erfinder aller Zeiten. Er hatte eine Wolkenzählmaschine erfunden und einen Reißverschluss für Ritterrüstungen. Seine nächste Erfindung aber sollte seine größte werden: Er würde Gold machen. Jawohl, echtes Gold! Löwenzahnblüten – das war sein Geheimnis!

An einem kalten Apriltag schleppte Parzifal einen Riesensack Blüten, reichlich Butter und einige streng geheime Zutaten in sein Labor. Nach zwei Stunden harter Arbeit stand er vor einem zähen, goldgelben Brei. Dann legte er sich ein Stündchen in sein Bett.

Als er erneut die Stufen zum Labor hinunterstieg, kam ihm ein merkwürdiger Geruch entgegen. Vorsichtig lugte Parzifal durch die Labortür. Der goldene Brei stand unverändert auf dem Tisch. Zögernd pikste Parzifal mit dem Finger in seine Erfindung. „Blobblob!", machte der Brei und schwabbelte vom Tisch herunter. Zwei Augen zwinkerten Parzifal zu und ein breiter Mund lächelte ihm aus der goldenen Masse entgegen. „Der Mai ist geko – ommen", sang der Brei und schwabbelte duftend die Treppe hinauf.

Cornelia Funke

2. Was könnte auf den weiteren Erzählkarten stehen?
Schreibe es auf kleine Karten! Du kannst auch dazu malen!

3. Schreibe auch die ersten 3 Karten ab!
Lege dann alle Karten in die richtige Reihenfolge!

4. Erzähle die Geschichte mit Hilfe der Karten einem Partner!

L

- Schreibe oder male in dein Lerntagebuch!

Name: ______________________ Datum: ____________

Medienwörterwurm

1. Lies die Wörter genau!
2. Setze Striche für deinen Lesepfeil!

Kinder
Kinder | taschen
Kinder | taschen | buch

Telefon
Telefonanruf
Telefonanrufbeantworter
Telefonanrufbeantworteransage
Telefonanrufbeantworteransagetaste

Lieb
Liebling
Lieblingsauto
Lieblingsautorin
Lieblingsautorinnenauto
Lieblingsautorinnenautogramm
Lieblingsautorinnenautogrammstunde

Computer
Computerspiel
Computerspielanleitung
Computerspielanleitungsinhalt
Computerspielanleitungsinhaltsangabe

3. Erfinde eigene Wörterwürmer!

ERDBEER
KOCH
TORTEN
SENDUNG
SAHNE
EIS

Name: ______________________ Datum: ____________

Satztreppen zur Unterhaltung

1. Lies die Satztreppen genau! Was fällt dir auf?

2. Suche die passenden Satzenden und verbinde!

Ich suche.
Ich suche gern.
Ich suche gern •

Ich spreche.
Ich spreche oft.
Ich spreche oft mit meiner Freundin.
Ich spreche oft mit meiner Freundin •

Ich schaue.
Ich schaue gern.
Ich schaue gern Trickfilme.
Ich schaue gern Trickfilme •

Ich lese.
Ich lese nie.
Ich lese nie die Anzeigen.
Ich lese nie die Anzeigen •

Ich schreibe.
Ich schreibe meiner Oma.
Ich schreibe meiner Oma oft.
Ich schreibe meiner Oma oft •

• im Fernsehen.

• im Internet.

• am Telefon.

• eine E-Mail.

• in der Zeitung.

3. Schreibe eigene Satztreppen!

So kannst du beginnen: Ich rufe.
Ich rufe ...

Name: ____________________ Datum: __________

Texten auf der Spur

1. Schreibe auf, woraus diese Schnipsel stammen!

0 **Marcelino (ab 6)**
26tlg.Trickserie. Die Fliege ...
8.55 **Musik Boxx** Hits für Kids
9.00 **Die Schlümpfe (ab 4)** 3-D-Tri...
9.25 **Mamfies Abenteuer (ab 3)**
Trickserie. Die geheimnisvoll...

Peter Dahlienweg 4 . . . . .853...
...os Gisela Lohengrinstr. 30 92784
Hops Manuel Tulpenweg 8 47632
Hoppe Else Waldemarstr. 5. 86532
Horlemann Tobias Hüttenstr. 17 . . .75639
...orn Michael Obentrautstr. 62 . . . .420...
...ig Bettina Augustusplatz 8

____________________ ____________________

Großer Fund
Seit seiner Entdeckung vor 80 Jahre...
war der Tausendfüßler „Illacme ple...
...ipes“ verschollen. Mit seinen ...
... als das Tier ...

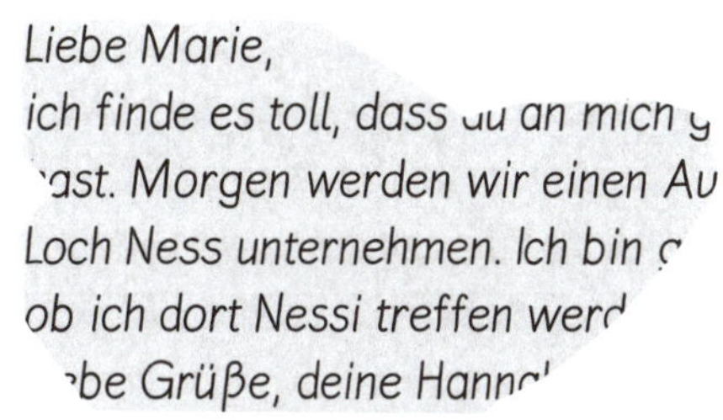
Liebe Marie,
ich finde es toll, dass du an mich ...
...ast. Morgen werden wir einen Au...
Loch Ness unternehmen. Ich bin ...
ob ich dort Nessi treffen wer...
...be Grüße, deine Hann...

____________________ ____________________

2. Woran kannst du die Schnipsel erkennen? Verbinde!

Der Text ist mit der Hand geschrieben. Die Anrede „Liebe . . .“ hat mir geholfen.	Der Ausschnitt ist aus einem Telefonbuch.
Namen sind nach dem ABC geordnet. Adressen und Nummern stehen neben den Namen.	Der Papierschnipsel gehört zu einem Brief.
Die Überschrift ist dick gedruckt. Es wird von etwas berichtet.	Der Schnipsel ist aus einer Fernsehzeitschrift.
Die Namen von Sendungen geben einen Hinweis. Uhrzeiten stehen neben den Sendungen.	Das Stück Papier gehört zu einer Zeitung.

- Schreibe oder male in dein Lerntagebuch!

Name: ______________________ Datum: ____________

Telefongebimmel

1. Übe den Text schnell zu lesen!

Als neulich das Telebimmel fonte,
bin ich die Wetze hinuntergetreppt,
über den Rannhof gehühnert und
voll mit dem Kopf gegen die Bumse getürt.

Anonym

2. Lies den Text, als wenn du außer Atem wärst!

3. Schreibe den Text richtig auf!

Als neulich das Telefon bimmelte, ______________________

____

____

____

____

4. Lies den Text und verändere ihn wie oben!

Als neulich das Telefon schellte,
bin ich durch mein Zimmer gestolpert,
über meine Tasche gepurzelt und
dann mit meiner Schwester zusammengeprallt.

Als neulich das Teleschell fonte, ______________________

bin ______________________

____

____

____

5. Schreibe deinen eigenen Telebimmeltext!

Name: ______________________ Datum: ______________

Ideen für ein Lesetagebuch

In einem Lesetagebuch sammelst du Eindrücke und Ideen, die du beim Lesen bekommst.

Du kannst

1 einen Text loben,
2 einen Text tadeln,
3 einen Text abschreiben und mit Schrift gestalten
4 und zu einem Text Bilder malen.

Anna, Enes, Tom und andere Kinder haben angefangen, ein Lesetagebuch zu schreiben. Was haben die Kinder gemacht?

1. Schreibe die passenden Nummern in die Felder!

Die Autorin hat schöne Worte gefunden. [1]

Ich empfehle das Buch nicht weiter, weil … [ ]

Der Bücherfresser

[ ]

Mir hat es gefallen, wie die Kinder sich vertragen haben. [ ]

Es hat mir sehr viel Spaß gemacht, das Buch zu lesen. [ ]

Ich fand die Geschichte langweilig und viel zu lang. [ ]

Meine Bücher

Ich liebe meine Bücher,
jedes Buch ist ein .
Die Leute darin
kommen heraus.

Josef Guggenmos [ ]

Mit einem Lesetagebuch kannst du dich daran erinnern, was du schon alles gelesen hast.

Name: ____________________ Datum: ____________

Meine Lesetagebuchseite

→ W S. 31

1. Nimm dir ein gutes Buch oder einen schönen Text!
2. Suche dir einen gemütlichen Leseplatz und lies!
3. Schreibe über deinen Text! Du kannst auch dazu malen!

Lesetagebuch von:
Datum:
Titel des Textes/Buches:
Name der Autorin/des Autors:
Text gefunden in:
Inhalt:

Diese Seite kommt in dein Lesetagebuch.

Name: ______________________ Datum: ____________

In der Bücherei

1. Lies den Text genau! Markiere alle Namen!

→ W S.31

Joana ist heute zum ersten Mal allein in der Bücherei.
Sie darf ein Buch ausleihen, weil sie einen eigenen Büchereiausweis hat.
Den hat sie bekommen, weil ihre Mutter für sie einen Antrag stellte.

Joana möchte das Buch Der Mondscheindrache ausleihen.
Das Buch hat ihre Lieblingsautorin Cornelia Funke geschrieben.
Joana weiß nicht, wo sie das Buch finden kann. Oje!
Sie geht direkt zu Frau Legere, die in der Bücherei arbeitet.
Joana fragt: „Können Sie mir bitte helfen?
Ich suche den Mondscheindrachen von Cornelia Funke."

„Gerne", antwortet die Bibliothekarin Frau Legere.
„Das Buch steht in dem Regal: Geschichten für Kinder ab 6 Jahren.
Alle Bücher sind nach dem Alphabet geordnet.
Du musst bei F wie Funke suchen."

Joana bedankt sich und sucht das Regal. „Da ist es ja", flüstert sie leise, um keinen zu stören. Mit dem Buch geht Joana zur Ausleih-Theke.
Frau Legere scannt ihren Büchereiausweis ein.
Jetzt darf Joana das Buch mit nach Hause nehmen.
Sie muss es erst nach 4 Wochen wieder zurückbringen.

2. Beantworte die Fragen!

Was braucht Joana, um ein Buch auszuleihen? ______________

____

Welches Buch möchte Joana in der Bücherei ausleihen?

____

Wie heißt Joanas Lieblingsautorin? ______________

Wie heißt die Bibliothekarin? ______________

- Schreibe oder male in dein Lerntagebuch!

Name: ______________________ Datum: __________

Interview mit der Autorin Kirsten Boie

1. Lies genau! Markiere Zahlen und Städte!

Ich wurde 1950 in Hamburg geboren.
Dort lebe ich auch heute.
Ich bin verheiratet und habe zwei Kinder.
Vor 25 Jahren schrieb ich mein erstes Buch.
Es heißt Paule ist ein Glücksgriff. Inzwischen
sind von mir mehr als 60 Bücher erschienen.
Ich schreibe nicht nur Kinderbücher,
sondern auch Drehbücher fürs Kinderfernsehen.

www.kirstenboie.de

2. Schreibe zu den Fragen die passenden Antworten!

Ich wurde ______________________

____

____

Heute lebe ______________________

____

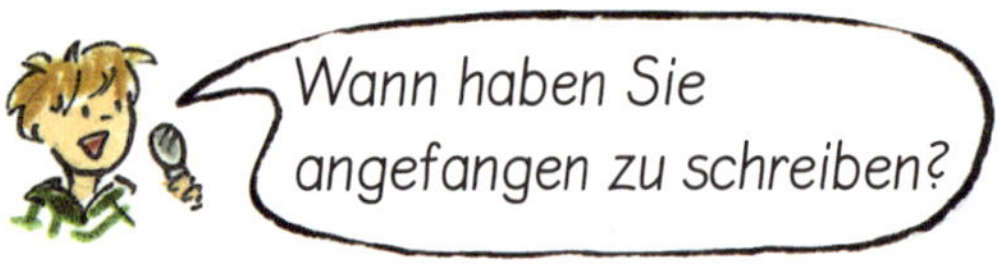

____

____

____

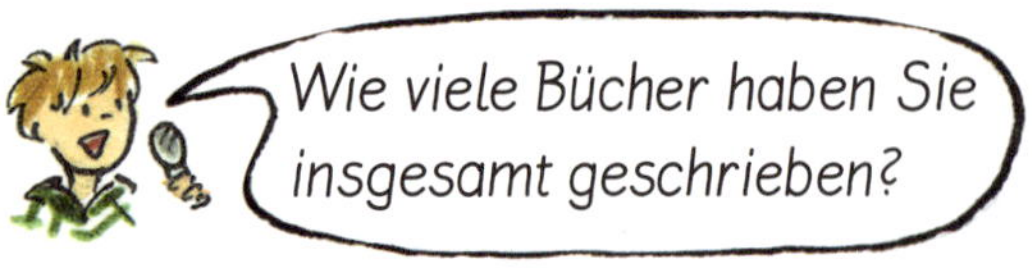

____

____

3. Welche Fragen würdest du gerne an die Autorin stellen?

Name: ______________________ Datum: __________

Hast du das gesehen?

1. Welche Wörter fallen dir zu diesem Bild ein? Schreibe auf!

2. Tausche deine Wortsammlung mit einem Partner aus!

3. Schreibe eine Geschichte! Finde eine Überschrift!

Name: ______________________ Datum: ____________

Briefmarkengeschichte

1. Auf der Zerschneideseite → S. 65 findest du Briefmarken.
Suche dir mehrere Briefmarken für eine Geschichte aus!

2. Schreibe die Briefmarkengeschichte weiter!
Klebe deine Briefmarken an passenden Stellen ein!

3. Überlege dir eine Überschrift für deine Geschichte!

____

In einem alten 

lebte ein kleines 

,

das gerne las. Eines Tages

Name: ______________________ Datum: __________

Briefmarken zum Ausschneiden

Name: ______________________ Datum: ____________

Dichtersprache

Diese Wörter helfen dir, den Aufbau eines Gedichtes zu erkennen.

| Gedicht | Reim | Strophe |

Weißt du, was die Begriffe bedeuten?

→ W S. 36

1. Wenn du dir nicht sicher bist, dann frage nach!
Du kannst auch nachschlagen!

2. Schreibe die Begriffe an die richtige Stelle!

Wenn die Blätter fallen

Heute regnet's Blätter
und das macht uns Spaß,
denn vom Blätterregen
werden wir nicht nass.

Die Blätterpfützen rascheln
leis' bei jedem Schritt,
wir wollen darin waten –
wer von euch kommt mit?

Rudolfine Fellinger

3. Finde passende Reimwörter!

der Baum – der ______________________

der Wind – das ______________________

die Nuss – der ______________________

der Sturm – der ______________________

- Schreibe oder male in dein Lerntagebuch!

Name: ______________________ Datum: ____________

Elfchen zum Herbst

Weißt du, was ein Elfchen ist?

1. Lies das Gedicht genau und zähle die Wörter!

Laub ________
Kastanien sammeln ________
den Wind genießen ________
Äpfel vom Baum holen ________
Herbst ________

Lea (8 Jahre)

2. Schreibe auf, wie viele Wörter in jeder Zeile stehen!

3. Sammle eigene Wörter für ein Elfchen und schreibe sie auf!

4. Schreibe dein eigenes Elfchen zum Herbst!

____
____
____
____
____

Name: ______________________ Datum: ______________

Wünsche über Wünsche

1. Lies das Gedicht für dich!

Wunschzettellied

Ich wünsch mir einen Fahrradweg,
auf dem kein Auto fährt.
Ich wünsch mir, dass mein Flötenspiel
die Nachbarin nicht stört.

Ich wünsch mir einen Opapa,
der mit mir wandern geht.
Ich wünsch mir, dass am Wiesenrand
Bitte betreten! steht.
Ich wünsch mir einen kleinen Hund,
der flink ist und verspielt.

Ich wünsch mir einen guten Freund,
der mit mir Kirschen stiehlt.

Georg Bydlinski

2. Überlege mit einem Partner, was an diesem Wunschzettel besonders ist!

____

3. Was wünschst du dir, was man nicht kaufen kann?

____

4. Schreibe deinen eigenen Wunschzettel!

Meine Wünsche

Ich wünsche mir ______________________________

____

____

____

Name: ______________________ Datum: ______________

Es schneit

1. Lies das Gedicht und setze die Reimwörter ein!

Es schneit, juchhe, es schneit,	~~schneit~~
Schneeflocken weit und breit!	Gewimmel
Ein lustiges ______________	~~breit~~
kommt aus dem grauen ______________.	Himmel
Was ist das für ein Leben!	~~Leben~~
Sie tanzen und sie ______________,	fliegen
sie jagen sich und ______________,	Vergnügen
der Wind bläst vor ______________.	schweben
Und nach der langen Reise	~~Reise~~
da setzen sie sich ______________	Nase
aufs Dach und auf die ______________	leise
und dir frech auf die ______________.	Straße

Anonym

→ W S. 24

2. Schreibe das Gedicht auf ein Schmuckblatt!

Name: ______________________ Datum: ____________

Frühling auf der Fensterbank

1. Lies den Text genau!

Kasimir pflanzt weiße Bohnen

Frippe war einkaufen und hat viel zu tragen.
Da ist ihm die Tüte mit den weißen Bohnen runtergefallen,
die Kasimir zu Mittag kochen will.
„Ich hab eine Idee“, sagt Kasimir. „Die Bohnen können auch wachsen.
Ja, wir ziehen Bohnen auf der Fensterbank!“
Kasimir holt einen großen Blumentopf und einen kleinen,
einen Pflanzspaten, zwei Blumentopfscherben und einen Beutel Erde.
Die Scherben legt Kasimir über das Loch am Boden der Töpfe,
damit die Erde nicht hindurchfällt. Dann füllt er die Töpfe mit Erde.
Kasimir bohrt Löcher in die Erde. Frippe legt in jedes Loch eine Bohne
und bedeckt sie mit ein wenig Erde.
Sie gießen ihre Bohnen jeden Tag, und die Pflanzen wachsen und
wachsen und wachsen.

Lars Klinting

2. Was stimmt? Kreuze den richtigen Satz an!

- [T] Frippe lässt eine Tüte mit weißen Bohnen fallen.
- [M] Frippe lässt eine Tüte mit Kartoffeln fallen.
- [S] Frippe lässt eine Tüte mit Möhren fallen.

- [J] Kasimir möchte Bohnen auf dem Balkon ziehen.
- [O] Kasimir möchte Bohnen auf der Fensterbank ziehen.
- [L] Kasimir möchte Bohnen im Garten ziehen.

- [D] Frippe bedeckt jede Bohne mit etwas Sand.
- [P] Frippe bedeckt jede Bohne mit etwas Erde.
- [H] Frippe bedeckt jede Bohne mit etwas Laub.

- [W] Jeden Morgen gießen Kasimir und Frippe die Bohnen.
- [Z] Jede Woche gießen Kasimir und Frippe die Bohnen.
- [F] Jeden Tag gießen Kasimir und Frippe die Bohnen.

Lösungswort ☐ ☐ ☐ ☐

- Schreibe oder male in dein Lerntagebuch!

L

Name: ______________________ Datum: ____________

Frühling

1. Markiere beim Lesen die Dinge, die man malen kann!

Die Amsel singt
und dein Gummiball springt.

Die Sonne flirrt
und dein Springseil schwirrt.

Der Apfelbaum blüht
und dein Rollschuh zieht
eine schnurgerade Bahn.

Und ein alter Mann
spazieren geht . . .

Und dein Kreisel dreht
sich rundherum.

Und du weißt nicht,
warum du so fröhlich bist?
Weil Frühling ist!

Ilse Kleberger

→ W S.25

2. So kannst du das Gedicht auswendig lernen!

- Lies es Satz für Satz mehrmals laut vor!
- Male dir Bilder zu jedem Satz!
- Sprich das Gedicht nun auswendig vor! Die Bilder helfen dir.

3. Trage das Gedicht einem anderen Kind vor!

Bilder und Reime können dir helfen, ein Gedicht auswendig zu lernen.

Name: ______________________ Datum: ____________

Aprilwetter

1. Lies das Gedicht!
2. Schreibe ein ähnliches Gedicht!

So ein Tag

Am Morgen
treibt der Schnee
in dünnen Flocken
zwischen den Häusern.

Am Mittag
trommelt der Regen
gegen die Fenster
und gurgelt wild
aus den Abflussrinnen.

Am Abend
beißt der Sturm
in die Wolkenherde.
Er scheucht sie auf,
er jagt sie fort.

Dann ist es still:
Die Dächer glänzen,
und im fernen Blau
steht ein Regenbogen.

Erich Jooß

____

Am Morgen
____
____
____

Am Mittag
____
____
____
____

Am Abend
____
____
____
____

____
____
____
____

Name: ______________________ Datum: __________

Sommer-Avenidas

1. Lies beide Gedichte! Was fällt dir an den Wörtern auf?

Avenidas

avenidas
avenidas y flores
flores
flores y mujeres
avenidas
avenidas y mujeres
avenidas y flores y mujeres y
un admirador

Eugen Gomringer

Hitzefrei

Hitzefrei
Hitzefrei und Freibad
Freibad
Freibad und Eis
Hitzefrei
Hitzefrei und Eis
Hitzefrei und Freibad und Eis und
ein Sommertag

Fabian (8 Jahre)

2. Schreibe eigene Nomen zum Sommer in dein Heft!
Suche 4 davon aus. Schreibe sie in vier Farben auf!

______________ ______________

______________ ______________

3. Schreibe nun ein eigenes Avenidas-Gedicht!

____

____

______________ und ______________

____

______________ und ______________

____

______________ und ______________

______________ und ______________ und ______________ und

____

- Schreibe oder male in dein Lerntagebuch!

Name: ______________________ Datum: ____________

Ein spaßiger Urlaub

1. Lies den Text laut vor!
Kannst du alle Wörter verstehen?

In den Sommerferien fuhren wir
mit dem OTUA nach NEILATI.
Meine AMO und mein APO fuhren auch mit.
Mein RETAV saß am Steuer unseres Wagens.
Wir fuhren bis NAREM und übernachteten in einem LETOH.
Am nächsten Tag ging die Fahrt weiter, bis wir an die AIRDA kamen.
Wir badeten und bauten Burgen im DNAS.
Das RESSAW war warm und die Sonne schien vom blauen Himmel.
Oft spielte ich auch mit anderen NEGNUJ am Strand.
Wir heckten manchen lustigen HCIERTS aus und hatten immer Spaß.

Bruno Horst Bull

2. Schreibe die roten Wörter richtig auf!

Auto ____

____

____

Auto, Italien, Oma, Opa, Vater, Meran, Hotel, Adria, Sand, Wasser, Jungen, Streich

3. Was stimmt? Übermale den richtigen Buchstaben!

	ja	nein
Die Familie fuhr mit dem Auto nach Irland.	M	F
Oma und Opa kamen auch mit.	E	O
Auf ihrer Fahrt übernachteten sie einmal im Zelt.	P	R
Am nächsten Tag kamen sie in den Bergen an.	G	I
Die Sonne schien und der Himmel war blau.	E	O
Mit anderen Mädchen heckt sie Streiche aus.	R	N

Lösungswort ☐ ☐ ☐ ☐ ☐ ☐

Name: ______________________ Datum: ____________

Theater der Jahreszeiten

1. Was bringen uns die vier Jahreszeiten? Schreibe auf!

Ich bin der **Frühling.**

Ich bringe ______________________

____

____

Die Zeit vergeht.

Ich bin der **Sommer.**

____

____

____

Die Zeit vergeht.

Ich bin der **Herbst.**

____

____

____

Die Zeit vergeht.

Ich bin der **Winter.**

____

____

____

Die Zeit vergeht.

→ W S. 33

2. Stellt die Jahreszeiten dar und plant eine Aufführung!

falten

Das kannst du schon

Du kannst lesen und malen, was noch fehlt.

Du kannst Wörter und Sätze richtig erkennen.

Du kannst Satzteile richtig verbinden.

Du kannst Lücken in einem Text ausfüllen.

Du kannst Stolperwörter finden.

Du kannst Fragen zu einem Text beantworten.

So geht es weiter:

Lese-Fitness-Test

Name:

Lies genau und male, was fehlt!

Sommerferien

Familie König will verreisen. Die Kinder packen den blauen Koffer und die große, rote Reisetasche. Im Koffer sind schon viele Sachen: Klaras grüne Gummistiefel, die gelben Schwimmflossen von Till, ein bunter Ball und ein gestreiftes Badetuch. Till bringt ein dickes Buch und Klara ein Fernglas. Wer schaut denn da aus der Reisetasche? Es ist Aiko, der kleine Hund.

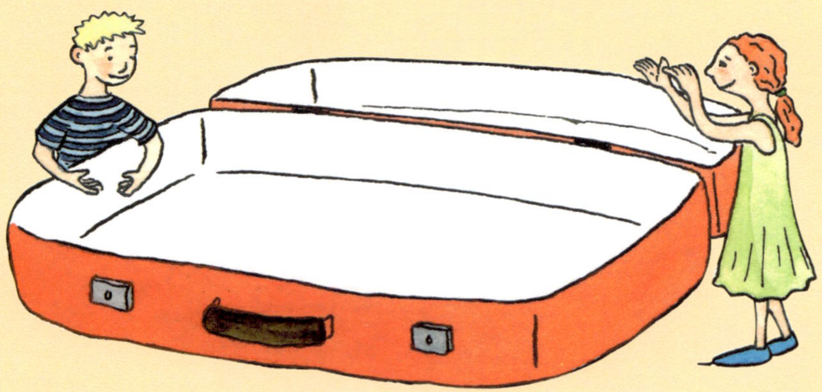

Ich kann lesen und malen, was fehlt.

Datum: ______

Lies den Text und beantworte die Fragen!

Über den Computer kann man blitzschnell Nachrichten um die Welt schicken. Dazu braucht man einen Computer mit Internet-Anschluss. Außerdem muss man eine E-Mail-Adresse haben. Alle Benutzer sind an ein weltweites Telefonnetz angeschlossen. Es heißt World Wide Web (www).

Was braucht man, um E-Mails zu verschicken?

______

______

Woran müssen alle Benutzer angeschlossen sein?

______

Wie heißt das weltweite Telefonnetz?

______

Ich kann Fragen zu einem Text beantworten.

Datum: ______

Lies die Geschichte genau.
Manche Wörter passen nicht. Streiche sie durch!

Lukas ist mit seinen Eltern
in eine neue Wohnung ~~Haus~~ gezogen.
Endlich bekommt sie er ein eigenes Zimmer.
Wenn alle blau Möbel aufgebaut sind,
wird es bestimmt sehr nicht gemütlich.
Seine Freunde kommen ihn gestern bald besuchen.
Sie wohnen fahren jetzt alle in derselben Straße.
Gemeinsam können sie nun zur über Schule gehen.

Ich kann Stolperwörter finden.

Datum: ______________________

falten

Trenne die Wörter mit einem roten Strich!

BANANEMELONEBIRNEAPFELSINEKIRSCHE

ERDBEEREANANASBLAUBEEREZITRONE

Setze die Satzzeichen!

Obstsalat – ein Spiel
Alle Kinder sitzen im Kreis Jule steht in der Mitte Sie bestimmt, wer ein Apfel, eine Birne oder eine Banane sein soll Wenn sie „Obstsalat“ ruft, müssen alle Kinder ihre Plätze tauschen Jule sucht sich auch schnell einen Platz Georg findet keinen Platz Er steht nun in der Mitte und ruft: „Banane!“ Alle Kinder, die Bananen sind, wechseln nun die Plätze Jetzt hat Paul keinen Platz mehr Was wird er rufen

Ich kann erkennen, wo ein Wort aufhört. Ich kann Satzzeichen setzen.

Datum: ______________________

Verbinde die Satzteile!

Leon schreibt mit Kreide	ein Foto von einer Katze aus.
Tim schneidet mit der Schere	Rechenaufgaben an die Tafel.
Tim und Lisa lesen	eine Geschichte im Lesebuch.
Alle Kinder singen	auf ein weißes Blatt Papier.
Anton malt einen bunten Hund	ein lustiges Lied vom Frosch.
Klara erforscht mit der Lupe	zehn Sätze in das Schreibheft.
Anna schreibt mit dem Füller	die Samen der Pusteblume.

Ich kann Satzteile richtig verbinden.

Datum: ______________________

Fülle die Lücken im Text aus!

Hallo Mama,

auf dem Weg zu Oma habe ich noch ein paar ____________ gepflückt. Dann bin ich mit dem ____________ von dir zu Omas Haus gegangen. Die ________ war schon offen und ich brauchte nicht zu klingeln. Oma ging es nicht ________, denn sie sah ganz komisch aus. Leider habe ich zu spät gemerkt, dass ein ______________ in ihrem Bett lag. Zum Glück kam uns der ________________ zu Hilfe.

Dein ______________________

Ich kann Lücken in einem Text ausfüllen.

Datum: ______________________